FIRST HUNDRED WORDS
IN MĀORI

Heather Amery
Illustrated by Stephen Cartwright
Māori translation by Huia Publishers

 There is a little yellow duck to find in every picture

Te rūma noho

pāpā

māmā

tama

kōtiro pēpi kurī ngeru

3

Te whakamau kākahu

hū

tarau roto

poraka

4

hingareti tarau tī-hāte tōkena

5

Te kīhini

parāoa

miraka

hēki

āporo

ārani

panana

Te whakapai i te kīhini

tēpu

tūru

pereti

8

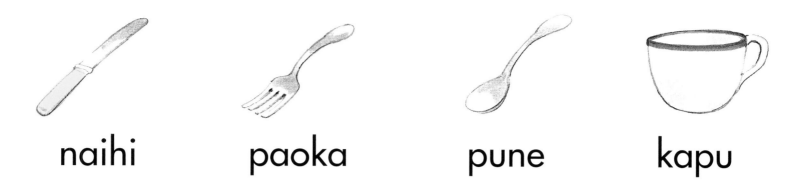

naihi   paoka   pune   kapu

9

Te wā tākaro

hōiho

hipi

kau

10

 heihei

 poaka

 tereina

 piriki

11

Te toro tīpuna

kuia

koroua

hiripa

12

koti

kaka

pōtae

13

Te papa rēhia

  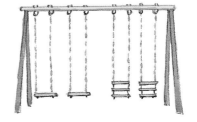

rākau   putiputi   tārere   pōro

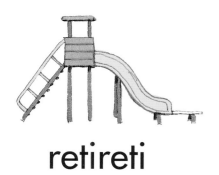   

retireti kamupūtu manu waka

Te tiriti

motokā

paihikara

waka rererangi

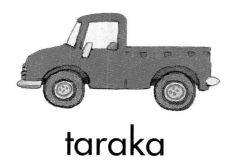

taraka

pahi

whare

Te huritau

poihau

keke

matawā

aihikirīmi

ika

pihikete

rare

19

Te haere ki te kaukau

ringa

ringa

waewae

 tapuwae

 koikara

 māhunga

 tou

21

Te rūma tīni kākahu

waha

whatu

taringa

22

ihu makawe heru paraihe

23

Te toa hoko taonga

whero   kikorangi   kākāriki

kōwhai   māwhero   mā   pango

Te wā kaukau

hopi

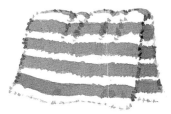

tauera

heketua

2

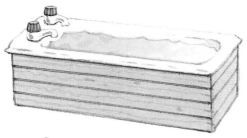

kauranga

puku

rakiraki

Te wā moe

moenga

rama

matapihi

28

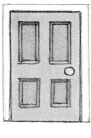
tatau

pukapuka

tāre

teti pea

29

Kimihia te kupu tika mō ia pikitia

āporo
pōro
panana
pukapuka
kamupūtu
keke
motokā
ngeru
matawā
kau
kurī
tāre
rakiraki
hēki
ika

paoka

pōtae

aihikirīmi

poraka

naihi

rama

miraka

ārani

poaka

tōkena

tēpu

teti pea

tereina

hingareti

matapihi

Te kaute

tahi

rua

toru

whā

rima

Word List

In this list you can find all the words in this book in alphabetical order. The words are listed first in Māori then in English.

About Māori pronunciation

• In Māori, the letters a, e, i, o and u are sometimes written with a macron, a line that is written on top of the vowels like this: ā, ē, ī, ō, ū. A macron on top of the vowel means that the vowel is said longer. This can change the meaning of a word, for example, papa means 'floor', but pāpā means 'father'.

• Take care to keep the sound quality the same when the vowel is short and when it is long.
a like the sound of the 'u' in 'cut'
ā like the 'a' in 'father'
e and ē like the 'e' in 'men'
i like the 'ee' in 'feet', but keep the sound short
ī like the 'ee' in 'feet'
o like the 'o' sound in 'paw', but keep the sound short

ō like the 'o' sound in 'paw'
u like the sound of 'oo' in 'boot', but keep the sound short
ū like the sound of 'oo' in 'boot'

• When two vowels occur in sequence, each vowel is sounded, with a smooth and rapid movement between the two sounds. For example, ae in tae is said by saying the a and then the e as described above, but moving quickly and smoothly from a to e.

• Many of the consonants of Māori are pronounced similar to English consonants. However, the sound r in Māori is very different from English. It is like a very, very quick d in English.

• Māori also has two digraphs, ng and wh. These are two letters written to represent a single sound. Note that ng is said like the 'ng' in 'singer', and not like the 'ng' in finger. The sound wh in Māori is most often said just like English f.

aihikirīmi	ice cream	kaka	dress
āporo	apple	kākāriki	green
ārani	orange	kamupūtu	boots
haere ki te kaukau	going swimming	kapu	cup
heihei	hen	kau	cow
heketua	toilet	kauranga	bath
hēki	eggs	kaute	counting
heru	comb	keke	cake
hingareti	vest	kīhini	kitchen
hipi	sheep	kikorangi	blue
hiripa	slippers	koikara	toes
hōiho	horse	koroua	grandpa
hopi	soap	koti	coat
hū	shoes	kōtiro	girl
huritau	having a party	kōwhai	yellow
ihu	nose	kuia	granny
ika	fish	kurī	dog

mā	white	rima	five
māhunga	head	ringa	arm, hand
makawe	hair	rua	two
māmā	mummy	rūma noho	living room
manu	bird	rūma tīni kākahu	changing room
matapihi	window	tahi	one
matawā	clock	tama	boy
māwhero	pink	tapuwae	feet
miraka	milk	taraka	truck
moenga	bed	tarau	trousers
motokā	car	tarau roto	underwear
naihi	knife	tāre	doll
ngeru	cat	tārere	swings
pahi	bus	taringa	ears
paihikara	bicycle	tatau	door
panana	banana	tauera	towel
pango	black	tēpu	table
paoka	fork	tereina	train
pāpā	daddy	teti pea	teddy
papa rēhia	park	tī-hāte	t-shirt
paraihe	brush	tiriti	street
parāoa	bread	toa hoko taonga	going shopping
pēpi	baby	tōkena	socks
pereti	plate	toro tīpuna	visiting grandparents
pihikete	biscuits	toru	three
piriki	bricks	tou	bottom
poaka	pig	tūru	chair
poihau	balloon	wā kaukau	bath time
poraka	jumper	wā moe	bed time
pōro	ball	wā tākaro	play time
pōtae	hat	waewae	leg
pukapuka	book	waha	mouth
puku	tummy	waka	boat
pune	spoon	waka rererangi	plane
putiputi	flower	whā	four
rākau	tree	whakamau kākahu	getting dressed
rakiraki	duck	whakapai i te kīhini	tidying up
rama	lamp	whare	house
rare	sweets	whatu	eyes
retireti	slide	whero	red

34